Manuela und Joëlle Herzfeld

food with love

33 HIMMLISCHE DESSERTS

LEMPERTZ

Hallo Ihr Lieben,

ja, wir sind bekennende Dessertarier! Seit 2014 haben wir auf unserem Blog ***foodwithlove.de*** unzählige Dessertkreationen für Euch liebevoll und mit viel Herzblut in Szene gesetzt.

Desserts sind immer eine Versuchung wert, sind Verführung pur und der krönende Abschluss eines jeden Menüs oder perfekten Tages. Ob fruchtig oder schokoladig, mit Karamell und viel Sahne, wunderbar cremig: Desserts streicheln unsere Seele und sind wahre Glücklichmacher – ein Essen ohne Dessert ist wie ein Film ohne Happy End ...

Für unvergessliche Genuss- und Glücksmomente haben wir die Rezepte unserer Lieblingsdesserts für Euch in diesem kleinen, aber feinen Buch zusammengestellt.

Alle Liebhaber süßer Köstlichkeiten, die auf der Suche nach kreativen Rezepten und aufregenden Kombinationen sind, werden hier garantiert etwas finden – sei es ein konkretes Rezept oder eine Inspiration fürs Improvisieren. Dieser Schmöker lässt einen schnell die Zeit vergessen ...

Ganz bewusst verzichten wir hier auf die Angabe von Nährwerten oder welche Fettstufe genau genommen wurde – hier geht es um Genießen und Kalorien in ihrer schönsten Form, und nicht ums Kalorienzählen. Denn wir finden: Essen ist Genuss und ein Stück Lebensfreude! Und die beste Zutat beim Kochen und Backen sind Leidenschaft und Liebe.

In diesem Sinne wünschen wir Euch ganz viel Spaß beim Entdecken, Mixen und Genießen!!!

Eure
Manu & Joëlle

INHALT

SCHOKOLADIGE DESSERTS

MILCHREISE INS GLÜCK

MOUSSE UND CREMES

FÜR DEN BESONDEREN ANLASS

FRUCHTIGE DESSERTS

Schokoladige Desserts

Schokoladenpudding mit Knuspercrunch

4 Portionen
leicht
15 Minuten + 10 Minuten Kühlzeit

Zutaten:
300 g Milch
300 g Sahne
50 g Backkakao
40 g brauner Zucker
Mark von 1 Vanilleschote
35 g Speisestärke
8 Rocher®-Kugeln

außerdem:
200 g Sahne

1. Milch, Sahne und Backkakao in den Mixtopf geben, ***5 Sekunden/Stufe 3*** verrühren, dann ***5 Minuten/50°C/Stufe 1*** erwärmen.

2. Rühraufsatz einsetzen.

3. Zucker, Vanillemark und Speisestärke zugeben, ***7 Minuten/90°C/Stufe 3*** aufkochen.

4. Den Rühraufsatz entfernen.

5. Die Rocher®-Kugeln mit einem Messer grob zerkleinern und mit dem Spatel unterrühren.

6. Den Schokopudding auf Gläser verteilen und im Kühlschrank fest werden lassen.

7. Mixtopf spülen.

8. Sahne in den Mixtopf geben und unter Sichtkontakt bei ***Stufe 3.5*** halbsteif schlagen.

9. Je etwas Sahne auf die Gläser verteilen und servieren.

Weißer Schokoladenpudding

4 Portionen
leicht
15 Minuten + 1 Stunde Kühlzeit

Zutaten:
250 g Milch
250 g Sahne
150 g weiße Schokolade, in Stücken
optional 10 g Zucker
30 g Speisestärke
1 TL Vanilleextrakt, z.B. von littlePod

außerdem:
weiße Schokoraspel als Topping

1. Milch, Sahne und Schokolade in den Mixtopf geben, ***4 Minuten/50°C/Stufe 1*** schmelzen lassen.

2. Rühraufsatz in den Mixtopf einsetzen.

3. Zucker, Speisestärke und Vanilleextrakt zugeben, ***7 Minuten/90°C/Stufe 3*** rühren.

4. Pudding umfüllen, erkalten lassen und nach Belieben mit weißen Schokoraspeln bestreut servieren.

Schokoladensahnemousse mit Rocher®

5 Portionen
leicht
15 Minuten + 6 Stunden Kühlzeit

Zutaten:
5 Rocher®-Kugeln
4 Eiweiß, Größe M
20 g Zucker
150 g Zartbitterschokolade, in Stücken
250 g Sahne
4 Eigelb, Größe M

außerdem:
Sahne, Rocher®-Kugeln und Schokosauce als Topping

1. Rocher®-Kugeln grob in Stücke schneiden.

2. Rühraufsatz in den Mixtopf einsetzen.

3. Eiweiße in den Mixtopf geben und ***4 Minuten/Stufe 3.5*** steif schlagen. Umfüllen und kühl stellen.

4. Rühraufsatz entfernen. Mixtopf spülen.

5. Zucker in den Mixtopf geben und ***10 Sekunden/Stufe 10*** pulverisieren. Einen Moment warten, bevor der Deckel geöffnet wird, da es sehr staubt.

6. Schokolade und Sahne hinzufügen, ***4 Minuten/50°C/Stufe 2*** schmelzen.

7. Eigelbe dazugeben und ***15 Sekunden/Stufe 4*** untermischen.

8. Mousse in eine Schüssel geben und den Eischnee mit einem Schneebesen unterziehen. Ebenso die zerkleinerten Rocher®-Kugeln unterheben.

9. In Gläser geben und mindestens 6 Stunden kühl stellen.

10. Zum Servieren nach Belieben mit Sahnehäubchen, Rocher® und Schokosauce garnieren.

Schokokuss-Traum

6 Portionen
leicht
15 Minuten

Zutaten:
1 Glas Kirschen, Abtropfgewicht 350 g
2 EL Vanillepuddingpulver
1 EL Zucker
10 Schokoküsse
250 g Sahne
300 g Quark
1 TL Vanilleextrakt, z.B. von littlePod

1. Kirschen in ein Sieb geben, den Saft dabei im Mixtopf auffangen.

2. Puddingpulver und Zucker zugeben, ***10 Sekunden/Stufe 3*** verrühren, dann ***6 Minuten/100°C/Stufe 3*** aufkochen.

3. Kirschen zugeben, ***2 Minuten/80°C/Sanftrührstufe*** unterheben.

4. Umfüllen. Mixtopf spülen.

5. Die Waffelböden von den Schokoküssen trennen.

6. Rühraufsatz in den Mixtopf einsetzen.

7. Sahne in den Mixtopf geben, unter Sichtkontakt bei ***Stufe 3.5*** steif schlagen, umfüllen.

8. Schokoküsse, Quark und Vanilleextrakt in den Mixtopf geben, ***10 Sekunden/Stufe 3*** verrühren.

9. Sahne zugeben, ***7 Sekunden/Linkslauf/Stufe 3*** unterheben.

10. Zum Schichten erst etwas Creme in Gläser geben, dann eine Schicht Kirschen, wieder die Creme usw.

11. Mit Waffelböden garnieren.

Schokoladenpudding wie bei Muttern

4 Portionen
leicht
15 Minuten + 1 Stunde Kühlzeit

Zutaten:
250 g Milch
250 g Sahne
200 g Schokolade (hier 100 g Zartbitter + 100 g Vollmilch)
30 g brauner Zucker
1 TL Vanilleextrakt, z.B. von littlePod
40 g Speisestärke

1. Milch, Sahne und Schokolade in kleinen Stücken in den Mixtopf geben, ***4 Minuten/50°C/Stufe 1*** schmelzen lassen.

2. Rühraufsatz in den Mixtopf einsetzen.

3. Zucker, Vanilleextrakt und Speisestärke zugeben, ***7 Minuten/90°C/Stufe 3*** rühren.

4. Umfüllen, erkalten lassen und nach Belieben garnieren.

Tipp

Die Kühlzeit ist relativ, der Pudding schmeckt auch warm, mmh!

WECK

Milchreise ins Glück

Latte-Macchiato-Milchreis

4 Portionen
leicht
45 Minuten

Zutaten:
770 g Milch
30 g Zucker
1 TL Vanillezucker
130 g Milchreis
1 Prise Salz
1 EL Kaffeesirup oder
2–3 TL Instant-Espresso-Pulver

außerdem:
Sahne und Karamellsauce, z.B. von Monin

1. Milch, Zucker, Vanillezucker, Milchreis, Salz und Kaffeesirup in den Mixtopf geben, ***40 Minuten/90°C/ Linkslauf/Stufe 1*** ohne Messbecher garen.

2. Milchreis in Schalen oder Gläser füllen und mit Sahne und Karamellsauce garnieren.

Ein Rezept für Kaffeesirup findet Ihr unter ‚Schwarzes Gold' auf ***foodwithlove.de.***

Eine unserer leckeren Karamellsaucen ist die ‚Dulce de leche'.

Sahniger Schokoladenmilchreis mit Kirschen

4 Portionen
leicht
60 Minuten

Zutaten:

Schokoladenmilchreis:

200 g Sahne
750 g Milch
30 g brauner Zucker
30 g Backkakao
1 Prise Salz
1/4 TL Vanillepulver, z.B. von azafran, oder Mark von 1 Vanilleschote
130 g Milchreis
40 g Zartbitterschokolade, in Stücken

Kirschen:

1 Glas Kirschen, Abtropfgewicht 350 g
2 EL Vanillepuddingpulver
1 EL Zucker

1. Rühraufsatz in den Mixtopf einsetzen. Sahne zugeben, unter Sichtkontakt bei *Stufe 3.5* halbsteif schlagen und umfüllen.

2. Rühraufsatz entfernen.

3. Milch, Zucker, Backkakao, Salz und Vanillepulver in den Mixtopf geben, *5 Sekunden/ Stufe 4* verrühren.

4. Milchreis zugeben, *40 Minuten/90°C/ Linkslauf/ Stufe 1* ohne Messbecher garen.

5. Schokolade in den letzten *2 Minuten* durch die Deckelöffnung in den Mixtopf geben und umfüllen.

6. Die Sahne mit einem Schneebesen unter den Schokoladenmilchreis rühren. Umfüllen und abdecken.

7. Kirschen in ein Sieb geben, den Saft dabei im Mixtopf auffangen.

8. Kirschsaft mit Puddingpulver und Zucker kurz auf *Stufe 3* verrühren, dann *6 Minuten/ 100°C/Stufe 3* aufkochen.

9. Kirschen zugeben, *1 Minute/ 80°C/ Linkslauf/Sanftrührstufe* untermischen.

10. Schokoladenmilchreis mit Kirschen anrichten.

Milchreis Deluxe mit weißer Schokolade und Mascarpone

4 Portionen
leicht
40 Minuten

Zutaten:
770 g Milch
1 TL Vanillezucker
130 g Milchreis
1 Prise Salz
100 g weiße Schokolade, in Stücken
100 g Mascarpone

1. Milch, Vanillezucker, Milchreis und Salz in den Mixtopf geben, *33 Minuten/90°C/ Linkslauf/Stufe 1* köcheln lassen.

2. Schokolade zugeben, *5 Minuten/90°C/ Linkslauf/Stufe 1* unterrühren und schmelzen lassen.

3. Mascarpone *15 Sekunden/ Linkslauf/Stufe 3.5* unterrühren.

4. In Gläser füllen.

5. Nach Belieben mit Obst genießen.

Tipp

Wir nehmen am liebsten den Milchreis von Oryza.

Milchreis mit Zimtsirup

4 Portionen
leicht
60 Minuten

Zutaten:

Zimtsirup (ca. 200 ml):
250 g Wasser
200 g brauner Zucker
50 g weißer Zucker
2 Zimtstangen
1/4 TL Vanillepulver, z.B. von azafran, oder Mark von 1/2 Vanilleschote
1 Messerspitze Zitronensäure

Milchreis:
770 g Milch
30 g Zucker
1 TL Vanillezucker
130 g Milchreis
1 Prise Salz

Zimtsirup:

1. Alle Zutaten in den Mixtopf geben, *20 Minuten/Varoma/ Linkslauf/Stufe 2* ohne Messbecher aufkochen. Das Garkörbchen dabei als Spritzschutz aufsetzen.
2. Sirup durch ein feines Sieb geben und in eine Flasche füllen.

Milchreis:

1. Milch, Zucker, Vanillezucker und Milchreis in den Mixtopf geben, *40 Minuten/90°C/ Linkslauf/Stufe 1* ohne Messbecher garen.
2. Milchreis in Schalen oder Gläser füllen und mit Zimtsirup toppen.

Tipp

Wem es nicht zimtig genug ist, rührt noch 1/2 TL gemahlenen Zimt drunter. Der Sirup ist wochenlang haltbar.

Mousse und Cremes

WECK

Apfelmus-Mascarpone-Zimtcreme mit Mandelkrokant

4 Portionen
leicht
15 Minuten

Zutaten:
250 g Mascarpone
100 g Joghurt
50 g Sahne
40 g Puderzucker
Mark von 1 Vanilleschote
1/4 TL Zimt
500 g Apfelmus, am besten selbst gemacht

Mandelkrokrant:
1 EL Butter
100 g Mandeln, gestiftelt
50 g brauner Zucker

1. Für das Mandelkrokant, die Butter in einer Pfanne schmelzen, Mandelstifte hinzugeben, leicht anrösten.

2. Dann den Zucker darüber streuen und karamellisieren lassen. Auskühlen lassen.

3. Den Rühraufsatz in den Mixtopf einsetzen.

4. Mascarpone, Joghurt, Sahne, Puderzucker, Vanillemark und Zimt in den Mixtopf geben, ***1 Minute/Stufe 3*** cremig aufschlagen.

5. Apfelmus und Zimtcreme abwechselnd in Gläser schichten und mit Mandelkrokant bestreuen.

Tipp

Wer das Apfelmus selber machen möchte, findet auf ***foodwithlove.de*** unter ‚Apfelmus Deluxe' ein leckeres Rezept.

Himbeermousse mit weißer Schokolade

4 Portionen
leicht
20 Minuten + mind. 1 Stunde Kühlzeit

Zutaten:

Weiße Schokoladencreme:
150 g weiße Schokolade
50 g Zucker
Mark von 1 Vanilleschote
250 g Quark
250 Mascarpone

Himbeermousse:
250 g TK-Himbeeren
25 g Zucker
1 TL Vanillezucker
1 Pk. Gelatine Fix Pulver

außerdem:
8 Himbeeren
50 g weiße Schokoladen-raspel

1. Schokolade in den Mixtopf geben, ***10 Sekunden/Stufe 7*** zerkleinern, dann ***4 Minuten/ 50°C/Stufe 1*** schmelzen.

2. Zucker, Vanillemark, Quark und Mascarpone zugeben, ***1 Minute/Stufe 4*** verrühren und umfüllen.

3. Himbeeren, Zucker und Vanillezucker in den Mixtopf geben, ***10 Sekunden/Stufe 6*** zerkleinern, dann ***5 Minuten/ 100°C/Stufe 1*** aufkochen.

4. Gelatine Fix ***10 Sekunden/ Stufe 3*** unterrühren. Himbeermasse durch ein Sieb streichen, abkühlen lassen.

5. Je 2 TL der Schokocreme in Gläser geben.

6. Restliche Schokocreme mit Himbeermousse vermischen, bis ein schöner Rosaton entsteht.

7. Himbeermousse auf die Schokocreme geben und mit einem Löffel marmorieren.

8. Im Kühlschrank 1 Stunde kühlen.

9. Mit Himbeeren und Schokoraspeln dekoriert servieren.

WECK

Nougat-Mousse

6–8 Portionen
leicht
15 Minuten + mind. 2 Stunden Kühlzeit

Zutaten:
3 Eiweiß, Größe M
50 g Zucker
400 g Sahne
150 g Nougat, in Stücken
100 g Zartbitterschokolade, in Stücken
100 g Milch
Mark von 1 Vanilleschote
3 Eigelb, Größe M

1. Rühraufsatz in den Mixtopf einsetzen.

2. Eiweiße in den Mixtopf geben, ***4 Minuten/Stufe 3.5*** steif schlagen. Den Zucker dabei langsam einrieseln lassen.

3. Umfüllen und kühl stellen.

4. Mixtopf spülen. Rühraufsatz wieder einsetzen.

5. Sahne in den Mixtopf geben, unter Sichtkontakt bei ***Stufe 3.5*** steif schlagen. Umfüllen und kühl stellen.

6. Rühraufsatz entfernen. Mixtopf spülen.

7. Nougat, Schokolade, Milch und Vanillemark in den Mixtopf geben, ***4 Minuten/50°C/Stufe 2*** erwärmen und schmelzen lassen.

8. Eigelbe dazugeben, ***15 Sekunden/Stufe 4*** untermischen. Alles in eine Schüssel umfüllen.

9. Zuerst die steif geschlagene Sahne mit einem Schneebesen unterheben, dann den Eischnee.

10. Masse in Gläser geben, mindestens zwei Stunden im Kühlschrank kühlen, am besten noch über Nacht.

11. Nach Wunsch garnieren.

WECK

Oreo®-Vanille-Dessert

4 Portionen
leicht
15 Minuten + 5 Minuten Kühlzeit

Zutaten:
16 Oreo®-Kekse, ca. 150 g
200 g Sahne
60 g Zucker
500 g Milch
2 Eigelb, Größe M
1 Prise Salz
30 g Speisestärke
Mark von 1 Vanilleschote
250 g Quark

außerdem:
Sahne und Oreo®-Kekse als Topping

1. Kekse in den Mixtopf geben und ***10 Sekunden/Stufe 5*** zerkleinern und umfüllen.
2. Mixtopf spülen und Rühraufsatz einsetzen.
3. Sahne in den Mixtopf geben und unter Sichtkontakt bei ***Stufe 3.5*** steif schlagen und umfüllen.
4. Rühraufsatz entfernen.
5. Zucker in den Mixtopf geben, ***10 Sekunden/Stufe 10*** pulverisieren. Einen Moment warten, bevor der Deckel geöffnet wird, da es sehr staubt.
6. Milch, Eigelbe, Salz, Speisestärke und Vanillemark hinzufügen, ***7 Minuten/90°C/Stufe 3*** aufkochen.
7. Creme im Mixtopf etwas abkühlen lassen.
8. Rühraufsatz einsetzen.
9. Quark und Sahne hinzufügen, ***15 Sekunden/Stufe 3*** unterrühren.
10. Creme abwechselnd mit den zerkleinerten Keksen in Gläser schichten.
11. Nach Belieben mit Sahne und Oreo®-Keksen toppen.

Zitronen-Cheesecake-Mousse

6 Portionen
leicht
10 Minuten + 2 Stunden Kühlzeit

Zutaten:

Boden:
60 g Butterkekse
20 g Zucker
30 g weiche Butter

Mousse:
350 g Sahne
50 g Puderzucker
340 g Frischkäse
280 g Lemon Curd, z.B. von Chivers
35 g Zitronensaft
1 Pk. Gelatine Fix Pulver

außerdem:
Blaubeeren und Zitronenscheiben zum Garnieren

1. Rühraufsatz in den Mixtopf einsetzen.

2. Sahne mit Puderzucker unter Sichtkontakt bei ***Stufe 3.5*** steif schlagen und umfüllen.

3. Rühraufsatz entfernen, Mixtopf spülen.

4. Butterkekse mit Zucker in den Mixtopf geben, ***25 Sekunden/ Stufe 6*** zerkleinern. Butter zugeben, ***10 Sekunden/ Stufe 3*** unterrühren, auf Gläser verteilen und festdrücken.

5. Frischkäse, Lemon Curd, Zitronensaft und Gelatine Fix in den Mixtopf geben, ***50 Sekunden/Stufe 3*** verrühren.

6. Sahne mit einem Schneebesen unterheben, Mousse auf die Gläser aufteilen, 2 Stunden kühlen.

7. Zum Servieren mit Blaubeeren und 1/2 Zitronenscheibe garnieren.

Wenn Ihr den ‚Lemon Curd' selber machen wollt, findet Ihr hier unser Rezept!

Salted Caramel-Cheesecake-Mousse

4 Portionen
leicht
5 Minuten

Zutaten:
240 g Sahne
220 g Frischkäse
100 g Salted Caramel Sauce, z.B. von Monin

außerdem:
Salted Caramel Sauce und Popcorn als Topping

1. Rühraufsatz in den Mixtopf einsetzen.

2. Sahne in den Mixtopf geben, bei ***Stufe 3.5*** unter Sichtkontakt steif schlagen und umfüllen.

3. Rühraufsatz verbleibt im Mixtopf.

4. Frischkäse mit Caramel Sauce in den Mixtopf geben, ***15 Sekunden/Stufe 3*** verrühren.

5. Sahne hinzugeben, ***40 Sekunden/ Linkslauf/ Stufe 3*** unterheben.

6. Mousse in Gläser geben, mit zusätzlicher Caramel Sauce toppen und Popcorn darauf geben.

Ihr möchtet Eure Salted Caramel Sauce selber machen? Dann haben wir hier die weltbeste für Euch!

Für den besonderen Anlass

Petit Fours

ca. 20 Stück
mittel
10 Minuten + 15 Minuten Backzeit + 30 Minuten Kühlzeit

Zutaten:

Teig:
4 Eier, Größe M
50 g feiner Zucker
1 TL Vanilleextrakt, z.B. von littlePod
1 Prise Salz
80 g Mehl, fein gesiebt
20 g Speisestärke

Füllung:
3 EL Himbeergeist
150 g Himbeermarmelade, ohne Stücke, erwärmt
200 g Marzipanrohmasse
80 g Puderzucker

Guss:
250 g Puderzucker
1 Eiweiß, Größe M
30 g Zitronensaft
rosa Farbpaste/Lebensmittelfarbe

außerdem:
Zuckerblüten, essbare Blüten, Zuckerperlen etc.

1. Den Backofen auf 180°C Ober-/Unterhitze vorheizen. Einen verstellbaren Backrahmen auf ein mit Backpapier ausgelegtes Backblech stellen und eine Größe von ca. 32 x 37 cm einstellen.
2. Rühraufsatz in den Mixtopf einsetzen.
3. Eier, Zucker und Vanilleextrakt in den Mixtopf geben, *5 Minuten/Stufe 3.5* schaumig aufschlagen.
4. Salz, Mehl und Speisestärke *5 Sekunden/Stufe 3* unterrühren. Mit dem Spatel nochmals durchrühren.
5. Masse in den Backrahmen geben, leicht verstreichen, damit sie eben ist und ca. 15 Minuten im Ofen backen.
6. Unter einem Handtuch auskühlen lassen.
7. Teigplatte mit Himbeergeist und Marmelade bestreichen und in 4 gleichgroße Stücke schneiden.
8. Diese 4 Teigstücke nun übereinander legen.
9. Den Marzipan mit Puderzucker von Hand verkneten, bis alles schön geschmeidig ist.
10. Mit einem Teigroller in Größe der gestapelten Biskuitplatte ausrollen und auf die Teigplatte legen.
11. Ränder begradigen.
12. Für ca. 30 Minuten im Kühlschrank kühlen.

Tipp

Himbeergeist kann z.B. durch O-Saft ersetzt werden.

13. Die Teigplatte mit einem scharfen Messer in ca. 3,5 x 3,5 cm große Würfel schneiden.

14. Für den Guss den Rühraufsatz in den gereinigten Mixtopf einsetzen.

15. Puderzucker, Eiweiß, Zitronensaft und ein paar Tropfen Lebensmittelfarbe in den Mixtopf geben, *2 Minuten/Stufe 4* verrühren.

16. Den Guss auf den Petit Fours verteilen und nach Belieben dekorieren.

Spekulatius-Karamell-Trifle

4–6 Portionen
leicht
20 Minuten

Zutaten:
200 g Spekulatius
200 g Sahne
250 g Mascarpone
150 g griechischer Joghurt
100 g Quark
30 g heller Sirup, z.B. von Grafschafter
Mark von 1 Vanilleschote
1/2 TL Zimt
1 Prise Ingwerpulver
1 Prise Nelkenpulver
ca. 130 g Karamellsauce, z.B. von Monin

1. Spekulatius in den Mixtopf geben, *3 Sekunden/Stufe 5* zerkleinern und umfüllen.

2. Mixtopf säubern.

3. Rühraufsatz in den Mixtopf einsetzen, Sahne zugeben und unter Sichtkontakt bei *Stufe 3.5* steif schlagen und umfüllen.

4. Rühraufsatz eingesetzt lassen.

5. Mascarpone, Joghurt, Quark, Sirup, Vanillemark, Zimt, Ingwer- und Nelkenpulver in den Mixtopf geben, *30 Sekunden/Stufe 4* cremig rühren.

6. Sahne zugeben, *10 Sekunden/ Linkslauf/Stufe 3* unterrühren.

7. Spekulatiusbrösel, Creme und Karamellsauce in mehreren Schichten in Gläser geben. Trifle mit einer Cremeschicht beenden. Einige Spekulatiusbrösel und die restliche Karamellsauce darauf verteilen.

Wenn Ihr die Karamellsauce selber machen möchtet, findet Ihr drei verschiedene Varianten auf unserem Blog *foodwithlove.de.* Meine Liebste ist die ‚Dulce de leche'!

Nougat Pannacotta

6 Portionen
leicht
15 Minuten + mind. 4 Stunden Kühlzeit

Zutaten:
5 Blätter weiße Gelatine
400 g Sahne
200 g Milch
120 g Nougat
1 TL Vanillezucker
30 g Zartbitterschokolade

außerdem:
frische Beeren, Nüsse, Baiser, Schokosauce etc. als Topping

1. Gelatine nach Packungsangabe in Wasser einweichen.

2. Sahne, Milch, Nougat, Vanillezucker und Schokolade in den Mixtopf geben, *6 Minuten/100°C/Stufe 1* aufkochen.

3. Gelatine ausdrücken, in den Mixtopf zugeben, *1 Minute/85°C/Stufe 2.5* unterrühren.

4. Pannacotta in Gläser füllen, abkühlen lassen und mindestens 4 Stunden in den Kühlschrank stellen.

5. Zum Servieren mit Topping nach Wahl belegen.

Die Pannacotta hält sich im Kühlschrank bis zu 5 Tage. Soll die Pannacotta zum Stürzen sein, 1–2 Blätter Gelatine mehr verwenden.

Giotto®-Schokoladen-Pavlova

8 Portionen
mittel
20 Minuten + 90 Minuten Backzeit + 2 Stunden Kühlzeit

Zutaten:
3 Eiweiß, Größe M
165 g Puderzucker
1 TL Speisestärke
1 geh. TL Backkakao
1 TL Weißweinessig
1 TL Vanilleextrakt, z.B. von littlePod

Creme:
200 g Sahne
75 g Joghurt
75 g Mascarpone
1 EL Puderzucker

außerdem:
50 g Sahne
60 g Zartbitterschokolade
2 Stangen Giotto®-Kugeln, Haselnussgeschmack
1 kl. Handvoll gehackter Haselnüsse

1. Den Backofen auf 120°C Ober-/Unterhitze vorheizen. Ein Backblech mit Backpapier auslegen.

2. Rühraufsatz in den Mixtopf einsetzen.

3. Eiweiße in den Mixtopf geben, *ca. 5 Minuten/Stufe 3.5* steif schlagen, nach *ca. 1.5 Minuten* langsam Puderzucker, Speisestärke und Backkakao nach und nach durch die Deckelöffnung dazugeben.

4. Zum Schluss Essig und Vanilleextrakt zugeben, *10 Sekunden/Stufe 2* unterheben.

5. Rühraufsatz entfernen.

6. Die Baisermasse in einen Spritzbeutel geben oder mit einem Löffel auf das vorbereitete Backblech geben, so dass eine runde Baiserplatte mit einem Durchmesser von ca. 20 cm entsteht. Zum Schluss mittig eine kleine Vertiefung für die Creme formen.

7. Pavlova 90 Minuten backen. Im geschlossenen Ofen komplett auskühlen lassen.

8. Für die Creme den Rühraufsatz in den sauberen Mixtopf einsetzen, Sahne in den Mixtopf geben, auf *Stufe 3.5* unter Sichtkontakt bis zur gewünschten Festigkeit schlagen.

9. Joghurt, Mascarpone und Puderzucker zugeben, *15 Sekunden/Stufe 3* verrühren.

10. Pavlova mit der Creme füllen.

11. Sahne in den Mixtopf geben, *4 Minuten/90°C/Stufe 1* erwärmen.

12. Schokolade in Stücken zugeben, kurz auf *Stufe 3* verrühren, 5 Minuten ruhen lassen. Anschließend *15 Sekunden/Stufe 3* verrühren.

13. Pavlova mit Giotto®-Kugeln belegen, gehackte Nüsse darüber streuen und geschmolzene Schokolade in Streifen darübergeben.

Fruchtige Desserts

Mohn-Vanillejoghurt mit Himbeeren

1 große Portion
leicht
15 Minuten

Zutaten:
240 g Joghurt
20 g Blaumohn
1 TL Zitronensaft
80 g Himbeeren
1 TL Vanillepuddingpulver
1 TL Kokosraspel
1 TL Vanilleextrakt, z.B. von littlePod
1 TL Kokosblütensirup, z.B. von Tropicai oder andere Süße

außerdem:
Kokosraspel, frische Minze, gefrorene Himbeeren als Topping

1. Die Hälfte vom Joghurt mit Mohn und Zitronensaft in einer kleinen Schüssel verrühren und 5 Minuten ruhen lassen.

2. Himbeeren mit Puddingpulver, restlichem Joghurt, Kokosraspeln, Vanilleextrakt und Sirup in den Mixtopf geben, ***10 Sekunden/Stufe 4*** verrühren.

3. Mohn-Joghurt und Himbeer-Joghurt in ein Glas schichten, mit Kokosraspeln, Minze und Himbeeren garnieren.

Banana-Split-Dessert

12 Portionen in 1 Form, ca. 20 x 30 cm
leicht
15 Minuten + 20 Minuten Backzeit + 4 Stunden Kühlzeit

Zutaten:
100 g Walnusskerne, gehackt
160 g Graham Cracker oder kernige Haferkekse
50 g Zucker
100 g Butter, geschmolzen
100 g weiße Schokolade, in Stücken
450 g Frischkäse
20 g Puderzucker
4 Bananen, in Scheiben geschnitten

Topping:
300 g Sahne
Schokoladensirup
12 Amarenakirschen

1. Den Backofen auf 180°C Ober-/Unterhitze vorheizen.
2. 50 g Walnusskerne in einer Pfanne ohne Fett anrösten.
3. Eine Auflaufform fetten.
4. Cracker, restliche Walnusskerne, Zucker und Butter in den Mixtopf geben, ***10 Sekunden/Stufe 5*** vermischen, in die vorbereitete Form geben und andrücken.
5. Im Ofen ca. 20 Minuten backen, komplett auskühlen lassen.
6. Weiße Schokolade in den Mixtopf geben, ***10 Sekunden/Stufe 7*** zerkleinern, dann ***4 Minuten/50°C/Stufe 1*** schmelzen.
7. Rühraufsatz in den Mixtopf einsetzen.
8. Frischkäse und Puderzucker zugeben, ***2 Minuten/Stufe 3*** aufschlagen und auf den erkalteten Boden geben.
9. Bananenscheiben darauf verteilen.
10. Mixtopf spülen, den Rühraufsatz wieder einsetzen.
11. Sahne in den Mixtopf geben und unter Sichtkontakt bei ***Stufe 3.5*** bis zur gewünschten Festigkeit schlagen, über die Bananen streichen, für ca. 4 Stunden in den Kühlschrank geben.
12. Zum Servieren mit Schokoladensirup beträufeln, mit gerösteten Walnusskernen bestreuen, Sahnetuffs aufsetzen und je 1 Amarenakirsche daraufsetzen.

Tipp

Hier findet Ihr unser Rezept für einen leckeren ‚Schokoladensirup'.

Marzipan-Kirsch-Tiramisu

4–6 Portionen in 1 Form, ca. 20 x 30 cm
leicht
20 Minuten + 6 Stunden Kühlzeit

Zutaten:
150 g Kaffee
1/2 TL Lebkuchengewürz
1 Glas Kirschen, Abtropfgewicht 350 g
1 EL Speisestärke
250 g Mascarpone
250 g Quark
120 g Zucker
1 TL Vanillezucker
30 g Amaretto
ca. 26 Löffelbiskuits
ca. 200 g Marzipankartoffeln
Backkakao zum Bestäuben

1. Kaffee zubereiten, auskühlen lassen und mit dem Lebkuchengewürz verrühren.

2. Kirschen in einem Sieb abtropfen lassen, den Saft dabei im Mixtopf auffangen.

3. Speisestärke in den Mixtopf dazugeben, auf ***Stufe 3*** kurz verrühren, dann ***6 Minuten/100°C/Stufe 3*** aufkochen lassen.

4. Kirschen zugeben, ***2 Minuten/80°C/ Linkslauf/Sanftrührstufe*** untermischen und umfüllen.

5. Mixtopf spülen.

6. Mascarpone, Quark, Zucker, Vanillezucker und Amaretto in den Mixtopf geben, ***30 Sekunden/Stufe 3*** cremig rühren.

7. Form mit der Hälfte der Löffelbiskuits auslegen. Mit der Hälfte des Kaffees beträufeln und mit der Hälfte der Mascarpone-Mischung bestreichen.

8. Kirschen auf Mascarpone verteilen.

9. Restliche Löffelbiskuits, Kaffee und Mascarpone schichten und sechs Stunden kaltstellen.

10. Marzipankartoffeln halbieren, auf dem Tiramisu verteilen und mit Backkakao bestäuben.

Windbeutel-Dessert mit Erdbeeren

4 große Portionen
leicht
10 Minuten

Zutaten:
250 g Sahne
300 g Erdbeeren
30 g Zucker
1 TL Vanillezucker
250 g Quark
180 g Mascarpone
70 g Joghurt
50 g Puderzucker
1 TL Zitronensaft
16 TK-Windbeutel

außerdem:
2 halbierte Erdbeeren

1. Rühraufsatz in den Mixtopf einsetzen.

2. Sahne in den Mixtopf geben und unter Sichtkontakt auf ***Stufe 3.5*** steif schlagen und umfüllen.

3. Rühraufsatz entfernen, Mixtopf spülen.

4. Erdbeeren mit Zucker und Vanillezucker in den Mixtopf geben, ***10 Sekunden/Stufe 6*** pürieren und umfüllen.

5. Mixtopf spülen.

6. Rühraufsatz wieder in den Mixtopf einsetzen.

7. Quark, Mascarpone, Joghurt, Puderzucker und Zitronensaft in den Mixtopf geben, ***30 Sekunden/Stufe 3*** verrühren. Sahne zugeben, ***10 Sekunden/Stufe 3*** unterrühren.

8. Je etwas Creme, 3 Windbeutel, Erdbeerpüree und wieder Creme in die Gläser schichten. Mit 1 Windbeutel, etwas Erdbeerpüree und 1/2 Erdbeere garniert servieren.

Raffaello®-Creme mit Banane und Karamell

6 Portionen
leicht
10 Minuten

Zutaten:
3 Bananen, in Scheiben geschnitten
Zitronensaft zum Beträufeln
200 g Sahne
10 Raffaello®-Kugeln
400 g Quark
100 g Schmand
1 TL Vanilleextrakt, z.B. von littlePod
50 g Puderzucker
6 EL Karamellsauce, z.B. von Monin

außerdem:
6 Raffaello®-Kugeln als Topping

1. Bananenscheiben mit Zitronensaft beträufeln, damit sie nicht braun werden.

2. Rühraufsatz in den Mixtopf einsetzen.

3. Sahne in den Mixtopf geben und unter Sichtkontakt bei ***Stufe 3.5*** steif schlagen und umfüllen.

4. Rühraufsatz entfernen.

5. Raffaello®-Kugeln in den Mixtopf geben, ***5 Sekunden/ Stufe 5*** zerkleinern, mit dem Spatel vom Rand nach unten in Richtung Mixtopfboden schieben.

6. Quark, Schmand, Vanilleextrakt und Puderzucker zugeben, ***20 Sekunden/ Stufe 3*** verrühren.

7. Sahne ***10 Sekunden/Stufe 3*** unterrühren.

8. Bananenscheiben abwechselnd mit Raffaello®-Creme und Karamellsauce in Gläser schichten, mit je 1 Raffaello®-Kugel toppen.

Auf unserem Blog *foodwithlove.de* findet Ihr eine himmlisch sahnige Karamellsauce zum Selbermachen.

Erdbeer-Yogurette®-Creme

4 Portionen
leicht
10 Minuten

Zutaten:
350 g Erdbeeren
6 Riegel Yogurette®
200 g Sahne
1 EL Vanillezucker
1 TL brauner Zucker
100 g Quark
100 g Joghurt

1. Erdbeeren und Schokoriegel in kleine Stücke schneiden.

2. Rühraufsatz in den Mixtopf einsetzen.

3. Sahne, Vanillezucker und braunen Zucker in den Mixtopf geben, unter Sichtkontakt bei ***Stufe 3.5*** steif schlagen.

4. Rühraufsatz entfernen.

5. Quark und Joghurt hinzufügen, ***15 Sekunden/Stufe 3*** verrühren.

6. Erdbeer- und Schokostücke dazugeben, ***5 Sekunden/ Linkslauf/Stufe 3*** unterrühren.

7. In Gläser füllen und nach Wunsch garnieren.

Nektarinen-Schichtdessert mit Amaretto

4 Portionen
leicht
10 Minuten + 30 Minuten Kühlzeit

Zutaten:
4 Nektarinen
3 EL Amaretto
200 g Mascarpone
150 g Quark
40 g Milch
1 EL Zitronensaft
1 geh. TL Vanillezucker
Mark von 1 Vanilleschote

außerdem:
Amarettini zum Garnieren

1. Die Nektarinen teilen, entkernen und das Fruchtfleisch in Würfel schneiden, mit dem Amaretto mischen.

2. Rühraufsatz in den Mixtopf einsetzen.

3. Mascarpone, Quark, Milch, Zitronensaft, Vanillezucker und Vanillemark in den Mixtopf geben, ***30 Sekunden/Stufe 3*** cremig rühren.

4. Die Creme abwechselnd mit den Nektarinenwürfeln in Gläser schichten und mit den Amarettini garnieren.

5. 30 Minuten im Kühlschrank ziehen lassen.

Amarettinikrümel zwischen Creme und Nektarinenwürfel geschichtet, ist auch sehr lecker.

Beschwipstes Beeren-Rhabarber-Crumble mit Brausestreuseln

10–12 Portionen in 1 Form, ca. 20 x 30 cm
leicht
20 Minuten + 20–25 Minuten Backzeit

Zutaten:
600 g TK-Beeren-Mix
300 g Rhabarber
100 g Butter
200 g Mehl
90 g brauner Zucker
1 TL Vanillezucker
1 Prise Salz
4 Pk. Brausepulver, z.B. Ahoj Brause, je 5,8 g
1 Eigelb, Größe M
70 g weißer Rum
130 g Puderzucker
200 g Vanilleeis

1. Beeren-Mix auftauen lassen.

2. Den Backofen auf 180°C Umluft vorheizen.

3. Rhabarber putzen und schälen, in mundgerechte Stücke schneiden, zu den Beeren geben.

4. Butter in den Mixtopf geben, ***4 Minuten/80°C/Stufe 1*** schmelzen lassen. Mehl, Zucker, Vanillezucker, Salz, Brausepulver und Eigelb hinzufügen, ***15 Sekunden/Stufe 4*** verrühren.

5. Rum mit Puderzucker in einer kleinen Schüssel verrühren, über die Beeren-Rhabarber-Mischung geben und vorsichtig unterheben. In eine Auflaufform umfüllen.

6. Die Streuselmasse aus dem Mixtopf über die Beeren-Rhabarber-Mischung verteilen und im Ofen für ca. 20–25 Minuten goldbraun backen.

7. Mit Vanilleeis toppen.

Das Obst könnt Ihr nach Belieben austauschen und den Rum durch Obstsaft ersetzen. Das gewisse Etwas sind hier die Brausestreusel – we love 'em! Kombiniert einfach Eure Lieblingsgeschmäcker nach Lust und Laune.

Strawberry Cheesecake im Glas

4 Portionen
leicht
15 Minuten

Zutaten:
100 g Shortbread Cookies
+ 4 Stück für die Deko
300 g Erdbeeren
250 g Quark
100 g Mascarpone
30 g Zucker
1/2 TL Vanilleextrakt, z.B. von littlePod

1. Cookies in den Mixtopf geben, ***10 Sekunden/Stufe 10*** zerkleinern. Cookiebrösel in Gläser umfüllen und etwas andrücken.

2. Erdbeeren putzen. Die Hälfte in Stücke schneiden.

3. Die restliche Hälfte in den Mixtopf geben, ***15 Sekunden/Stufe 5*** pürieren. Mit dem Spatel alles vom Rand runterschieben und den Vorgang gegebenenfalls wiederholen.

4. Quark, Mascarpone, Zucker und Vanilleextrakt zugeben, ***15 Sekunden/Stufe 4*** verrühren.

5. Creme auf die Cookiebrösel in den Gläsern verteilen.

6. Erdbeerstücke darauf geben und mit grob zerkleinerten Cookies bestreuen.

Shortbread Cookies sind schottische, süße Mürbeteigkekse. Man bekommt sie in jedem größeren Supermarkt. Alternativ gehen Butterkekse oder auch Löffelbiskuits. Den Zuckeranteil könnt Ihr je nach gewünschter Süße anpassen.

Heidelbeer-Dessert mit Baiser

4 Portionen
leicht
20 Minuten

Zutaten:
350 g frische Heidelbeeren
4 TL Vanillezucker
65 g Zucker
1 geh. TL Speisestärke
2 Spritzer Zitronensaft
100 g Baiser
600 g Joghurt

1. Die Heidelbeeren waschen, abtropfen lassen und in den Mixtopf geben.

2. 2 TL Vanillezucker, 35 g Zucker, Speisestärke und 1 Spritzer Zitronensaft zufügen, alles ***10 Minuten/80°C/ Linkslauf/Stufe 1*** köcheln lassen.

3. Umfüllen und den Mixtopf spülen.

4. Baiser in den Mixtopf geben, ***8 Sekunden/Stufe 4*** zerkleinern und umfüllen.

5. Joghurt, 2 TL Vanillezucker, 30 g Zucker und 1 Spritzer Zitronensaft in den Mixtopf geben, ***1 Minute/Stufe 3.5*** verrühren.

6. Baiserstückchen mit dem Spatel unter die Joghurtcreme ziehen, in Gläser geben und mit den abgekühlten Heidelbeeren genießen.

Raffaello®-Traum

4 Portionen
leicht
5 Minuten + 1 Stunde Kühlzeit

Zutaten:
1 Mango
250 g Quark
200 g Joghurt
30 g Vanillesirup, z.B. von Monin
14 Raffaello®-Kugeln
Minzeblätter

1. Mango schälen, das Fruchtfleisch in Spalten vom Stein und in Würfel schneiden.

2. Quark, Joghurt und Vanillesirup in den Mixtopf geben, ***30 Sekunden/Stufe 3*** verrühren. Mangowürfel (ein paar für die Garnitur zurückbehalten) unterheben.

3. 10 Raffaello®-Kugeln mit einem Messer grob hacken.

4. Hälfte der Creme jeweils auf Gläser verteilen, zerkleinerte Raffaello®-Kugeln darauf geben, ebenso die restliche Creme.

5. Eine Stunde kühlen.

6. Raffaello®-Traum mit je 1 Raffaello®-Kugel, Minzeblättchen und ein paar Mangowürfeln garniert servieren.

Grießpudding mit Rhabarberkompott

6 Portionen
leicht
30 Minuten + mind. 3 Stunden Ziehzeit

Zutaten:

Rhabarberkompott:
ca. 5 Stangen rosa Rhabarber
80 g Zucker
1 EL Vanillezucker
1 EL Vanillepuddingpulver, ca. 20 g
25 g Wasser

Grießpudding:
500 g Milch
200 g Sahne
80 g Weichweizengrieß
Mark von 1 Vanilleschote
50 g Zucker

außerdem:
gehackte Pistazien als Topping

1. Für das Rhabarberkompott den Rhabarber in ca. 2 cm Stücke schneiden. Wichtig für die Farbe: Schöne rosa Stangen herauspicken und die Schale dranlassen, nur gut waschen!

2. Rhabarberstücke mit Zucker und Vanillezucker mischen und mindestens 3 Stunden, am besten noch über Nacht, ziehen lassen.

3. Rhabarber samt Saft in den Mixtopf geben. Puddingpulver mit Wasser verrühren, in den Mixtopf zugeben, ***9 Minuten/ 100°C/ Linkslauf/Stufe 1*** kochen, umfüllen und auskühlen lassen.

4. Für den Grießpudding den Rühraufsatz in den Mixtopf einsetzen.

5. Alle Zutaten in den Mixtopf geben, ***11 Minuten/90°C/ Stufe 2*** kochen.

6. Grießpudding abwechselnd mit Rhabarberkompott in Gläser schichten und mit gehackten Pistazien bestreut servieren.

Käse-Sahne-Dessert

4 Portionen
leicht
10 Minuten

Zutaten:
100 g Butterkekse
200 g Sahne
2 TL Vanillezucker
250 g Quark
250 g Joghurt
80 g Zucker
1 kl. Dose Mandarinen, Abtropfgewicht 175 g

1. Butterkekse in den Mixtopf geben und ***5 Sekunden/ Stufe 5*** zerkleinern, umfüllen.

2. Rühraufsatz in den Mixtopf einsetzen.

3. Sahne und Vanillezucker in den Mixtopf geben, unter Sichtkontakt bei ***Stufe 3.5*** steif schlagen.

4. Rühraufsatz entfernen.

5. Quark, Joghurt und Zucker hinzufügen, ***20 Sekunden/ Stufe 4*** cremig rühren.

6. Die Mandarinen abtropfen lassen und im Wechsel mit der Creme in Gläser schichten. Zuerst eine Schicht Kekse, danach Quark-Joghurt-Creme. Mit einer Schicht Kekse abschließen.

Grießbrei Himbeerliebe

4 Portionen
leicht
30 Minuten

Zutaten:
Grießbrei:
500 g Milch
200 g Sahne
50 g Rohrzucker
80 g Weichweizengrieß

Himbeersauce:
350 g TK-Himbeeren
70 g Zucker
1 TL Vanilleextrakt, z.B. von littlePod
2 EL Speisestärke
1 Prise Salz
1 Spritzer Zitronensaft
80 g Wasser

außerdem:
geraspelte weiße Schokolade als Topping

1. Den Rühraufsatz in den Mixtopf einsetzen.

2. Alle Zutaten für den Grießbrei in den Mixtopf geben und ***11 Minuten/90°C/Stufe 2*** kochen. Umfüllen.

3. Rühraufsatz entfernen und Mixtopf spülen.

4. Während der Grießbrei etwas abkühlt, bereitet Ihr die Himbeersauce zu.

5. Himbeeren und Zucker in den Mixtopf geben, ***5 Sekunden/Stufe 5*** pürieren.

6. Restliche Zutaten zugeben, ***10 Minuten/100°C/ Linkslauf/Stufe 1*** aufkochen.

7. Grießbrei und Himbeersauce in Gläser schichten. Nach Belieben mit geraspelter weißer Schokolade toppen.

Alphabetisches Verzeichnis

Impressum

Math. Lempertz GmbH
Hauptstr. 354
53639 Königswinter
Tel.: 02223-900036
Fax: 02223-900038
info@edition-lempertz.de
www.edition-lempertz.de

Dieses Kochbuch wurde nach bestem Wissen und Gewissen verfasst. Weder der Verlag noch die Autorinnen tragen die Verantwortung für ungewollte Reaktionen oder Beeinträchtigungen, die aus der Verarbeitung der Zutaten entstehen. Der Markenname „Thermomix®" ist rechtlich geschützt und wird nur als Bestandteil der Rezepte verwendet. Für Schäden, die bei der Zubereitung der Gerichte an Personen oder Küchengeräten entstehen, wird keine Haftung übernommen. Bitte beachten Sie die Anwendungshinweise der Gebrauchsanweisung Ihres Thermomixgerätes.

Rezepte: Manuela und Joëlle Herzfeld
Rezeptfotos: © Manuela und Joëlle Herzfeld
Titelbild: Manuela und Joëlle Herzfeld
Lektorat: Edition Lempertz
Layout/Satz: Yinin Got (Büro Bataakoon)
Gesamtherstellung: Print Consult GmbH, München
Printed and bound in Slovakia

ISBN 978-3-96058-247-2

FSC www.fsc.org
MIX
Papier aus verantwortungsvollen Quellen
FSC® C084279

klimaneutral
powered by ClimatePartner°
Druck | ID 12515-1708-1001

Notizen

Notizen

Bereits erschienen

160 Seiten, durchgehend farbig bebildert,
Format: 20 x 25,5 cm, Hardcover
ISBN: 978-3-96058-996-9
€ (D) 19,99 / € (A) 20,60

Manuela und Joëlle Herzfeld

Unsere Lieblingsrezepte Vier Hände, zwei Herzen, ein Thermomix®

Die ebenso erfolgreichen wie sympathischen Bloggerinnen Manuela und Joëlle Herzfeld sind bekannt für ihre kreativen und gelingsicheren Rezepte, die Alltagstauglichkeit und Genuss zusammenbringen. Mit diesem Buch kommen ihre Lieblingsrezepte zu Euch.

Von Cinnamon Rolls bis Filettopf findet Ihr Rezepte, die mit Liebe zubereitet wurden. Es gibt noch viel mehr auf ***foodwithlove.de*** zu entdecken.

Die Kreationen sind nicht nur ein Highlight für die Geschmacksnerven, sondern auch fürs Auge. Perfekt in Szene gesetzt und von den Autorinnen meisterhaft fotografiert, macht Food with Love Lust auf mehr.

Erscheint 2018

ca. 160 Seiten, durchgehend farbig bebildert,
Format: 20 x 25,5 cm, Hardcover
ISBN: 978-3-96058-246-5
€ (D) 19,99 / € (A) 20,60

Manuela und Joëlle Herzfeld

Soulfood with Love Rezepte zum Glücklichsein mit dem Thermomix®

Die ebenso erfolgreichen wie sympathischen Bloggerinnen Manuela und Joëlle Herzfeld haben mit ihrem ersten Buch „Unsere Lieblingsrezepte" nicht nur ihre langjährigen Fans begeistert, sondern auch viele neue Anhänger hinzugewonnen. Jetzt haben sie neue, kreative und unveröffentlichte Rezepte in einem zweiten Band liebevoll zusammengefasst. Die gelingsicheren Rezepte zeichnen sich auch hier durch Alltagstauglichkeit, Originalität und Genussfreude aus.

Manuela Herzfeld: „In unserem zweiten Buch findet Ihr echtes Seelenfutter, perfekt in Szene gesetzt und mit viel Leidenschaft und Liebe zubereitet – da muss man einfach gleich loslegen mit dem Nachkochen und -backen ..."

GRATIS EXEMPLAR SICHERN!

SICHERN SIE SICH ZUM KENNENLERNEN DER MIXX-ZEITSCHRIFT JETZT EIN GRATIS-EXEMPLAR IM WERT VON 4,90 €!

Name

Vorname

Adresse

☐ Ja, schicken Sie mir Ihren kostenlosen E-Mail-Newsletter und halten Sie mich über Neuheiten und Sonderangebote des Heel-Verlags auf dem Laufenden!

E-Mail-Adresse

Der HEEL Verlag erhebt Ihre Daten zum Zweck der Vertragsdurchführung, zur Erfüllung der vertraglichen und vorvertraglichen Pflichten. Die Datenerhebung und Datenverarbeitung ist für die Durchführung des Vertrags erforderlich und beruht auf Artikel 6 Abs. 1 b DSGVO. Zudem verwenden wir Ihre Angaben zur Werbung für eigene und HEEL-verwandte Produkte und falls gewünscht zum Versand des kostenlosen E-Mail-Newsletter. Sie können sich jederzeit vom Newsletter abmelden. Falls Sie keine Werbung mehr auf dieser Grundlage erhalten wollen, können Sie jederzeit widersprechen.
Weitere Infos zum Datenschutz: ds.heel-verlag.de

Datum

Unterschrift

Teilnahmebedingungen: Dieser Gutschein ist nur auf postalischem Weg einzulösen. Pro Person nur ein Gutschein gültig.

HEEL Verlag GmbH, MIXX-Redaktion, Pottscheidt 1, 53639 Königswinter
Tel.: 02223/9230-0, Fax: 02223/9230-13/26, www.heel-verlag.de